마음처럼 되지 않는
마음을 위한 에세이

정신과 원장의
임상노트

마음처럼 되지 않는
마음을 위한 에세이

월파(月波) 권기철 지음

좋은땅

나를 맞아 주었던 모든 분, 내가 맞이했던 모든 분

그리고 그 누구보다 삶의 지혜와 영혼을 일깨워 준

아내와 두 아들에게 감사드립니다

열면서……

　사람들은 시대와 환경에 따라 다양한 얼굴을 가지고 살아갑니다.

　우리는 에이브러햄 링컨을 민주주의 기틀을 마련한 미국의 전 대통령으로 기억하지만 사실 그는 지독한 우울증에 시달렸습니다. 화가 빈센트 반 고흐, 세기의 무용수 바슬라프 니진스키, 전쟁 속에서 문학을 통해 인간을 구원하려 했던 작가 어니스트 헤밍웨이 등 수많은 시대의 영웅들이 정신장애로 고통받았습니다. 니체는 뇌 매독에 의한 착란 속에서 《차라투스트라는 이렇게 말했다》라는 불후의 명작을 썼고, 니진스키는 명백한 정신분열증 환자였지만 〈백조의 호수〉와 같은 위대한 작품에서 훌륭한

　　　　　　　　마음처럼 되지 않는 마음을 위한 에세이

안무를 보여 주었습니다. 이들은 모두 우울증과 조증환자로 인류사에 큰 업적을 이룬 인물이지만, 그들의 인생은 마지막까지 영광스럽지 못했습니다. 빈센트 반 고흐는 자살로 생을 마감했고, 헤밍웨이 역시 스페인 내전에 참가하는 등 인류 평화에 기여했지만 결국 엽총 자살로 생을 마감했습니다.

정신장애는 특수한 상황 혹은 특정인에게 한정된 질환이 아닙니다.

특히 현대사회에서 한 가지쯤 정신장애를 앓고 있지 않다면 그는 아마도 신의 대열에 끼어야 할 것입니다. 정신과 의사인 저조차 주체할 수 없는 스트레스로 인해 '미치고 싶다'고 절규할 때가 종종 있습니다. 지금 이 순간에도 수많은 사람들이 우울증으로 고통받고 있습니다. 하지만 문제는 상당수 사람들이 자신이 우울증인지조차 모르고 혼자 고통을 감내하고 있다는 사실입니다. 2017년 보건복지부 '2016년도 정신질환실태 역학조사' 결과에 따르면 정신질환 평생유병률은 25.4%로 성인 4명 중 1명은 평생 한 번 이상 정신건강 문제를 경험하고 있는 것으로 조사

되었습니다. 치료 받지 못하고 통계에 누락된 환자 그리고 반사회성 인격장애자 등을 포함하면 그 수는 더욱 늘어납니다.

정신장애는 불치의 병이 아닙니다.

신체장애인에 대한 사회적 인식은 개선되고 있는 반면 정신장애인은 여전히 기피 대상이고 환자는 물론 그 가족까지 회피의 대상이 되기도 합니다. 정신장애에 대한 사회적 인식 개선은 여전히 미흡합니다. 우울증은 누구나 쉽게 걸릴 수 있는 마음(뇌)의 질병, 쉽게 말해서 '마음의 감기'라고 할 수 있습니다. 감기도 치료 시기를 놓치면 큰 병으로 발전하듯 우울증 역시 치료될 수 있는 질병임과 동시에 치료 시기를 놓치면 죽을 수도 있는 '질병'입니다. 우울증이란 진단을 받으면 적극적으로 치료를 받아야 하며, 가족과 전문가의 도움으로 의지를 갖고 치료에 임한다면 반드시 극복할 수 있습니다.

마음처럼 되지 않는 마음을 위한 에세이

목차

22년 12월, 마지막 달력을 넘기며

제 나이 79세, 겨울의 마지막입니다.

스산한 바람에 보도 위 낙엽이 흩날립니다. 새삼스러울 것도 없지만 낙엽은 기억과 감정을 동요케 합니다. 나이가 들수록 반추하게 되는 기억의 양도 많아지고, 감정의 민감도 역시 높아지는 것 같습니다. 비움과 담대함을 실천하지 못하는 스스로를 되돌아봅니다.

태양은 내일 또 그 자리에 뜨겠지만 마지막 잎새처럼 남아있는 최후의 달력 페이지를 보고 있자니 원인 모를 공허함과 함께 너무나 빠르게 변화하는 세상 속 언제 또 무슨 엉뚱한 사건이 벌어질까 두려움도 느껴집니다. 스스로를 반성하고 계획하고 정리해야 할 시점이 분명하지만 정작 무엇부터 먼저 해야 할지 몰라 곤혹스럽기만 합니다.

마지막 달력을 넘기며 이 책의 첫 페이지를 시작해 보고자 합니다.

불확실성의 시대 속 변화의 방향도 모른 채 속도에 떠밀려 가고 있을, 저를 포함한 모든 분들의 정신건강에 조금의 도움이라도 되어 보고자 하는 마음입니다. 이 책은 정신과 전문의로서 겪은 약 40년의 임상 경험을 응축하여 집필하였습니다. 케이스별로 최대한 쉽게 정리하여 남녀노소 누구나 쉽게 접할 수 있도록 구성하였습니다.

22년 겨울, 불확실성의 시대 속 여러분 모두의 마음의 평화를 기원하여 이 책을 시작해 봅니다. 정신과 전문의로서의 저의 경험이 여러분 인생에 작은 버팀목이 되어 주기를 기대합니다.

2022. 12. 31. '월파'

왔노라, 보았노라, 이겼노라.
하지만 우울하노라

/ 성취감 뒤에 오는 우울 /

인간은 누구나 사회적 성공과 경제적 풍요를 갈망합니다.

이를 위해 천부적 자질은 물론이요, 모든 교육 수단을 총동원, 필사적 노력 끝에 자신이 진출하고 싶은 조직 사회에 첫발을 들여놓습니다. 그리고 그동안 갈고 닦은 능력을 발휘, 윗사람의 인정을 받아 한 계단, 한 계단 승진하고 생활의 안정을 꾀해 갑니다. 이러한 일련의 과정은 상대성을 갖고 있습니다. 나의 성공은 누군가의 실패를 전제해야 하는 경우가 대부분이기 때문입니다.

경쟁에 나이는 없습니다.

정상이라 생각했던 자리에 서는 순간 또 다른 정상이 보이기 마련입니다. 무섭게 치고 올라오는 후배들을 포함하여 경쟁자의 수는 점점 늘어나지만 위로 올라갈수록 정상의 자리 수는 더욱 줄어듭니다. 정상 정복은 고사하고 현재 자리라도 유지하기 위해 밤낮 없이 일하고 정신 없이 달리다 보면 어느덧 장년이나 노년 초에 진입해 있는 스스로를 발견하게 됩니다.

젊을 때는 젊으니까 버틸 수 있었습니다.

일벌레라는 별명이 훈장처럼 느껴지는 순간도 있었습니다. 그러나 어느 정도 정상에 올랐다고 생각되는 순간 지난날을 돌이켜 보니 내 노력에 대한 보상은 터무니없이 적은 것처럼 느껴집니다. 이때부터 정신적 허탈감과 내적 알력이 생기고 어렵게 정복한 자신의 위치를 언제까지 지켜 낼 수 있을까 하는 불안감이 싹트기 시작합니다. 더 올라갈 곳도 없는 자기 자신을 뒤에서 오는 누군가가 밀쳐 낼까 불안과 초조에 휩싸이게 됩니다. 이때부터 몸에 이상이 생깁니다. 어느 순간 이대로 쓰러져 죽는 것은 아닌가 하는 공포까지 이어집니다.

요즘은 그 시기가 빨라졌습니다.

40대 말부터 노후를 걱정하고 준비해야 하는 시대입니다. 60세도 청춘이라며 환갑 잔치도 하지 않는 사회 풍토와는 달리 노후에 대한 스트레스로 일찌감치 병원을 찾는 분들 역시 많아지고 있습니다. 지금 자리에서 물러난다면 향후 30~40년은 쓸모 없는 실업자가 되어, 살아도 산 것 같지 않은 삶을 살지도 모른다는 공포감을 토로합니다.

배짱으로 살자는 주변의 응원도 공허해집니다.

이러한 정신적 스트레스를 이겨 낼 장사는 없습니다. 스트레스는 결국 몸이 대신 울어 주는, '병' 아닌 '증상'으로 발현하게 됩니다. 건강은 분명 젊은 시절 그 상태가 아님에도 불구하고 몸의 증상을 마음으로는 거부하게 되고 이러한 거부 반응이 무의식 깊숙이 박혀 갖가지 불편함으로 나타나게 됩니다. 잠을 자는 것도 잔 것 같지 않고, 항상 피로한 상태로 일과를 보냅니다. 병원에 가면 피, 소변을 검사하고 장기를 직접 들여다보는 등 갖가지 검사를 한 뒤 결국 심장이 약해졌다, 빈혈이 있다, 간이

나쁘다 등의 진단을 받고 돈을 지불하게 됩니다. 진짜 원인은 마음속의 불안과 공포이지만 이것을 쉽게 인정하는 사람은 많지 않습니다. 이를 인정하기보다 두통이나 가슴이 뛴다는 얘기가 훨씬 쉽고 익숙하기 때문이지요. 결국 진짜 원인은 뒤로한 채 몸의 증상만을 얘기하는 의사 진단을 그대로 믿는 진단병 환자가 됩니다.

다행히도 인간에게는 정신적인 문제에 대응하는 방어기제가 있습니다.

이것은 마치 화제 경보기처럼 자동으로 작동합니다. 불안, 좌절, 적의, 공격심 등을 조절하는 방어 기능은 이를 더욱 강화함으로써 원인을 제거할 수도 있고, 자신에게 맞는 대용적 충족 수단을 발견하도록 하여 문제를 견디기 수월해지게 하기도 합니다. 가령 자신이 미워하는 상대에 대한 적의가 방어기제에 의해 공격적으로 발현되면 운동 등의 방법으로 대리만족을 취할 수도 있습니다. 성공한 후의 우울이나 불안은 무의식적 갈등에 의해 사고를 일으키거나 사고에 휘말리게 하는 원인이 됩니다. 이를 잘 알고 신체적 불편 증상과 정신적 갈

등을 해결하기 위해 전문가의 도움을 받는 것이 현명합
니다.

마음처럼 되지 않는 마음을 위한 에세이

정신질환을 잉태하는 사회

/ 파괴된 도덕률의 부메랑 현상 /

세상의 변화 속도는 점점 빨라지고 그만큼 예측은 힘들어집니다.

자신의 두뇌가 예상할 수 있는 속도 이상의 변화는 불안의 원인이 됩니다. 주변에 늘 엉뚱하고 이상한 일들이 벌어지는 것 같다는 생각은 의식의 혼란을 일으키며, 이러한 혼란이 반복될 것 같은 불안심리에 휩싸일 때가 있습니다. 한 치 앞도 예상할 수 없는 상황에 놓이게 되면 도피 심리가 발동되지만 사회의 촘촘한 그물망은 빠져나갈 틈이 없게 합니다. 증오감과 스트레스가 빠져나갈 길 없이 축적되면 정신적 착란 상태가 되고 결국 엉뚱한 사건, 사고를 저질러 사회의 관심을 모아 보고자 하는 심리

마음처럼 되지 않는 마음을 위한 에세이

를 부추기게 됩니다. 상대가 어떤 사람이든, 어떤 피해를 입든 상관없이 사회의 도덕률을 망각하거나 의식 밖으로 쫓아버리게 되는 것이지요.

반대로 자신에게 징벌을 가함으로써 스트레스의 탈출구를 찾는 경우도 있습니다.

이럴 경우 자기 파괴를 하거나 병들어 앓아 눕는 증상이 발생하게 되지요. 이기적이고 제 살길만 찾는 인간 무리들의 폭주에 소외된 인간은 그 무리들에게 복수의 폭탄이라도 던지고 싶어지게 됩니다. 이를테면 오토바이를 몰고 폭주를 하거나 자기 없는 세상을 태워 없애려는 방화 충동으로 발전하게 됩니다. 동기 없는 미필적 고의 살인이 여기에 해당됩니다. 훔친 차로 눈 질끈 감고 광화문 광장을 폭주하거나 '촌놈'이란 약간의 콤플렉스 자극에도 수백 명의 군중이 운집한 곳을 불 질러 버릴 수도 있습니다. 이러한 정신적 착란 상태를 개인에 국한시켜 치료하는 것은 무의미합니다. 결국 문제의 원인은 그들이 사회의 무엇을 보고 자랐는지로 귀결되기 때문입니다. 개인의 정신적 착란은 사회가 던진 부메랑과 같습니다.

 갑작스런 경제적 풍요는 상실 집단의 욕구불만을 낳기도 합니다.

 누구는 주식으로, 누구는 코인으로 벼락치기 부를 창출했다는 소식에 그 돈 줄기를 못 잡은 '기회 잃은 상실 집단'은 욕구불만을 남의 탓으로 돌리기 마련입니다. 드라마 혹은 지인을 통해 간접적으로 접해 본 환상적인 부의 이상향, 그 이상향에 도달하지 못한 상실 집단의 유일한 해결책은 욕구충족밖에 없습니다. 이 욕구충족은 못살고 찌들어 살아온 부모의 능력으로 절대 채워 줄 수 없습니다. 물론 부모로부터 올바른 교육을 받은 아이라면 정상적인 슈퍼에고(Super Ego)를 터득하며 자아를 억제할 수 있는 능력을 키울 수 있겠지요. 하지만 대부분의 기성세대 부모들은 경제적 풍요를 위해 아이들을 돌볼 틈이 없었습니다. 슈퍼에고를 터득하지 못한 아이들은 작게는 자기 징벌, 크게는 사회에 대한 증오를 키웁니다. 자기 징벌적 증상을 보인다면 그 상태를 바로잡아 주는 것이 보다 큰 대형 사고를 막는 길입니다. 자기 징벌이 자살로 이어지는 경우도 있지만 대부분 자기 몸을 학대하면서 증오를 승화합니다. 공연히 아픈 데가 많다, 머리가 아프다, 소화가 안 된다, 쉽게 피로해진다라는 증상도 자기 학대의 일부일 수 있습니다. 마음의 아픔을 몸이 대신 울어 주는 것이지요. 이럴 때 가장 중요한 것이 부모의 역할이고 그래도 해결이 되지 않는다면 정신과 의사의 도움을 받아야 합니다. 정신과는 미친 사람만 가는 곳이 아닙니다.

완벽에 완벽을 기할수록
불완전해지는 아이러니

/ 강박증, 끊임없는 자기와의 싸움 /

완벽주의는 모든 사람의 정신세계에 존재합니다.

하지만 좀 더 잘해야 한다는 무의식적 정신 기제는 확인의 확인을 거듭하는 소모적 과정을 반복하게 하지만 결국 아무것도 할 수 없게 되는 아이러니한 결과를 초래합니다. 강박증이라 불리는 이 불가사의한 증상은 전체 환자 중 20~30%는 선천적으로 타고나지만 그러한 정신 기제를 갖고 있는 부모 또는 어느 한쪽에 의해 후천적으로 교육되기도 합니다.

강박증은 정신의 과소비입니다.

될 대로 되라는 식의 흐트러진 정신상태도 문제지만,

매사 끝도 없는 완벽함을 추구하며 스스로를 극한으로 몰아 넣는 소모전 역시 우리의 정신세계를 피폐하게 만드는 원인이 됩니다. 어쩌면 자신의 인생에 전혀 도움되지 않을 화두에 꽂혀 끊임없이 그 생각을 곱씹고 곱씹어 황금 같은 시간을 낭비하기도 하고 금방 끝낸 일을 확인, 재확인, 재재확인까지 하며 마음속으로 수백 번 고민하고 수정을 거듭하지만 결국엔 후회만 남는 경우도 발생합니다. 이러한 강박은 방어기제를 끊임없이 작동시킵니다. 불결함에 대한 혐오가 지나치면 누가 봐도 과할 정도의 씻는 행위를 반복하고, 과거의 잘못이나 수치스러웠던 일이 떠오를 때마다 병적으로 주변 청소를 하는 행위를 통해 보상심리를 채우고 편안함을 얻으려 합니다. 하지만 이러한 행동들은 사회 부적응으로 비춰질 수 있지요. 그래서 괴짜로 취급받기도 하고 지나친 완고함 때문에 주위 사람들로부터 따돌림을 받기도 합니다.

끝없는 강박은 육체를 지치게 합니다.
강박은 우울증까지 초래하여 만사가 귀찮아지고 쉽게 피로해지며 열심히 일한 만큼의 성과도 나오지 않습니다. 증상이 더 이상 진전되지 않고 이 정도에 머문다면 그런 대로 사회생활은 가능하지만 이 괴로운 정신적 갈등은 우리를 쉽게 놔주지 않습니다. 강박적 성향을 가진 사람은 본인 스스로 쓸데없는 생각을 머릿속에서 밀어내려 노력합니다. 하지만 노력하면 노력할수록 사라지기는커녕 오히려 밥솥에 눌어붙은 누룽지처럼 밀착되어 우리를 못 견디게 합니다. 사회가 복잡해지고 정신적 외상의 빈도가 많아질수록 이 같은 관념적 유희에 빠져 허우적거리는 사람 역시 많아집니다.

어린이나 청소년은 부모의 강박에 고통받기도 합니다. 자신이 이루지 못한 목표를 자식에게 강요하는 것은 채찍을 휘두르는 것과 다르지 않습니다. 공부만을 강요하거나 그것도 못 하냐는 식의 비하는 사고의 확장성을 저해하고 아이의 정신을 오직 한곳에만 집착하게 하여 전인의 과정을 밟지 못하게 합니다. 매사 엄격함으로 훈육된 아이들의 무의식 속에는 복종심이 스며들어 있기 마련입니다. 이러한 경우 아이들은 부모가 깔아 놓은 '인생의 레일'을 조금도 벗어나지 않으려 하게 됩니다. 부모의

마음처럼 되지 않는 마음을 위한 에세이

복제인간화라 할 수 있습니다. 아이들은 사회병리현상에도 많은 영향을 받습니다. 수단과 방법을 가리지 않는 출세지상주의, 인간미가 결여된 물질만능주의 등이 마치 성공한 인생의 덕목처럼 인식되면 아이들의 올바른 가치관 형성에 부정적 영향을 미침은 물론 우울, 나태, 과잉행동 등을 보이는 문제아로 성장할 가능성 역시 높아집니다. 자식의 올바른 가치관 형성은 부모의 노력에 달려 있습니다. 부모의 목표가 자식의 목표가 될 수 없습니다. 일등도 꼴찌도 결국 하나의 인간이며 다양한 존재가치를 인정할 때 부모도 자식도 강박으로부터 조금 편안해질 수 있을 것입니다. 그래도 편안해지지 않는다면 용기 내어 정신과에 오십시오. 증상 완화에 큰 도움을 받으실 수 있을 것입니다.

발작, 그 불편한 진실

/ 히스테리, 그 정신의 미궁 세계 /

불안과 긴장이 장기화되면 몸이 반응합니다.

정신에서 신체로 전환되는 이러한 변화는 '나약한' 인간정신의 '극적' 방어 수단이라 할 수 있습니다. 드라마를 떠올려 보면 쉽게 알 수 있습니다. 이별의 고통, 가족의 죽음 등 감당할 수 없는 슬픔에 맞닥뜨린 주인공들은 약속이나 한 듯 발작 증세를 보입니다. 발작은 눈물보다 훨씬 드라마틱하지요. 주변의 동정은 물론 사랑까지 얻을 수 있다는 점에서 극적인 방어 수단임이 분명합니다.

이러한 증상을 설명하는 용어가 히스테리입니다.

사실 발작이라는 증상은 우리나라의 문화적 특성에 기

마음처럼 되지 않는 마음을 위한 에세이

인하여 예부터 많이 쓰여 왔으나 서양의학이 들어온 이래 그들이 쓰는 히스테리라는 용어로 대체되어 불리고 있습니다. 이 독특한 신경증은 서로 견제하고 부축하여 균형을 잘 이룰 때는 증상으로 나타나지 않지만 이 균형이 깨지게 되면 배우도 깜빡 속을 만한 연극적인 증상으로 발현됩니다. 아이에게 매를 들어 훈육할 경우 금방이라도 숨이 넘어갈 듯 꺽꺽거리고 얼굴까지 새파랗게 질려 곧 쓰러질 듯한 상태를 보신 경험이 있으실 겁니다. 이런 경우 성격이 나쁘다, 기가 세다 등의 표현으로 비교적 가볍게 취급하고 넘어갔으나 이 증상이 바로 히스테리 전환형입니다. 이러한 증상은 발생 빈도가 감소하여 미국정신의학회에서는 1952년 히스테리란 용어 자체를 없애기도 했습니다만 수치스러움을 당하면 견디지 못하는 이른바 '수치문화권'인 동양사회에서는 여전히 이러한 증상이 많이 발견되고 있습니다. 아마도 봉건 유습이 완전히 깨지지 않은 인간관계가 원인이지 않을까 생각합니다.

이 증상의 기저에는 몇 가지 특징이 있습니다.

그렇게 함으로써 생기는 2차적인 이득을 염두하고 있다는 점 그리고 그 행태가 매우 연극적이란 것입니다. 히스테리는 주변인들로 하여금 동정을 유발시켜 쓰라린 현실에서 도피할 수 있는 좋은 구실이 되어 줍니다. 고부 갈등으로 견디지 못할 정신적 억압을 받는 여성은 심한 피로감, 우울증 또는 그로 인한 육체적 증상을 보이며 병원에 입원합니다. 이를 통해 현실을 도피함과 동시에 주변의 동정을 받는 2차적 이득을 취할 수 있음을 염두에 두는 것이지요. 설사 입원은 안 하더라도 타인이 인정해 줄 만한 행동(멍하게 앉아 있거나 평소 수월하게 처리하던 일을 못 하거나 숨이 차다는 등의 증상 호소)도 히스테리라 볼 수 있습니다. 남자 역시 마찬가지입니다. 군 입대라는 정신적 압박을 이기지 못하고 신체 일부의 불편함을 유도하거나 그 정도가 지나쳐 기질적 병변 없는 장애인 역할까지 연기하는 사례도 있습니다. 자신의 불안을 겉으로 드러내어 주변 사람들에게 창피를 당하느니 히스테리 혹은 발작이 차라리 체면 유지에 도움이 된다고 생각하는 것이죠.

마음처럼 되지 않는 마음을 위한 에세이

꾀병의 정도가 심하다고 판단되는 아이들, 일이 잘 안 풀린다며 줄곧 신체적 아픔을 호소하는 증세, 약을 간식처럼 복용하는 사람들이 있다면 정신과 진찰을 받아 보실 것을 권고 드립니다.

신의 명령을 거역하는 자기 징벌

/ 자살 /

자살은 인간만의 특권입니다.

일종의 자기 징벌이지요. 멋지게 살아 보고 싶은 희망이 좌절되거나 삶의 의욕을 잃어버린 우울증이 계속되면 자포자기로 마무리되는 경우도 있지만 겹겹이 쌓인 스트레스를 해소하지 못하고 분노의 감정이 자기 내면으로 향하게 되면 스스로를 징벌함으로서 욕구를 충족하기도 합니다. 자살을 하는 이유는 다양하지만 뇌의 생리 기능 이상 혹은 독특한 뇌세포의 변화가 원인인지는 아직 증명되지 않았습니다.

인간 외에 자살과 유사한 행동을 하는 동물이 있습니다.

마음처럼 되지 않는 마음을 위한 에세이

스칸디나비아 반도에 서식하는 쥐목 쥐과의 '레밍(일명 나그네쥐)'이라는 포유류가 그렇습니다. '레밍'은 무한히 번식을 계속하며 서식지를 찾아 헤매다가 무리에 휩쓸려 집단으로 절벽으로 떨어집니다. 이 모습은 흡사 집단 자살과 유사합니다. '레밍'의 이러한 습성은 '레밍효과(아무 생각 없이 맹목적으로 남을 따라하는 행동)'라는 용어까지 탄생시키도 했지요. 하지만 자살의 본질이 일종의 자기 징벌임을 생각하면 '레밍'의 행위를 자살이라고 규정하긴 어렵습니다. 자살보다는 자연의 섭리에 가깝다고 할 수 있겠지요.

30초만 더 생각하면 자살을 결행하지 못합니다.

반대로 수회의 실패를 거듭한 자살 시도 끝에 결국 죽음에 '성공'하는 경우도 있습니다. 자살은 우리가 살고 있는 사회의 의식 변화와 깊은 연관이 있습니다. 그 사회의 가치관에 따라 누군가의 자살이 미화되는 경향도 있습니다. 1차 세계대전이 끝나고 전 세계를 풍미했던 니힐리즘(허무주의)은 수많은 유럽 젊은이들이 스스로 목숨을 끊는 데 영향을 미쳤습니다. 여기에 프랑스 샹송가 수 다미아(Damia)가 부른 영화 〈우울한 일요일(Gloomy Sunday)〉의 주제곡은 자살을 암시하는 가사를 담고 있는데 이 노래가 자살률을 높이는 결과를 낳는다고 하여 미국과 영국이 방송금지곡으로 지정하기도 했지요. 전쟁 중에는 거의 없던 자살이 전쟁이 끝난 뒤 폭증했다는 사실은 자살심리가 인간이 추구하는 가치 혹은 사명감의 상실, 가치관의 혼돈 등 사회의식의 변화로 생긴 현상이라는 사실을 방증합니다.

견디기 힘든 극도의 열악한 환경에선 오히려 자살률이 낮습니다.

2차 세계대전 당시 죽음보다 끔찍한 고통 속에서 버텨내야 했던 강제수용소 유대인들 중 자살자가 거의 없었다는 사실을 알고 계신지요. 고통의 크기와 자살률이 비례하지 않음을 보여 주는 예입니다. 이와 같이 모순된 현상은 생존 본능이 자살심리를 억누르며, 마지막까지 희망을 잃지 않는 정신기제가 생을 포기하지 못하도록 하는 억제 역할을 한 결과입니다.

마음처럼 되지 않는 마음을 위한 에세이

자살은 충동에서 이루어집니다.

이 충동이 생기는 기전은 어떤 사실에 대해 피하고 미루고자 하는 욕망이 사회 여건에 부합하지 않을 때, 나의 무능함이 타인들로 하여금 수치스러운 반응 불러일으킬 것이라는 자괴감이 자아(Ego)를 무너뜨릴 때 자살이 성립됩니다. 과대망상적 정신 상태가 나의 현실을 자극하는 경우에도 자살이 성립되는데 일본의 유명한 국수주의 작가 '미시마 유키오'의 죽음이 적절한 예입니다. 일본 자위대원 1천여 명이 모인 연병장에서 전쟁 포기 등을 규정한 평화헌법을 개정하자며 일장연설을 하던 미시마 유키오는 자위대원들의 반응이 냉소적이자 그 자리에서 "이제 자위대에 품은 내 꿈은 사라졌다"며 할복을 감행합니다. TV로까지 중계된 이 죽음은 일본 전역에 큰 충격을 안겨 주었지요.

자살률이 낮은 국가의 국민 대부분이 행복한 삶을 영위하는지는 모르겠습니다.

하지만 원시에 가까운 민족일수록 자살률이 매우 낮다는 사실은 어딘지 모르게 모순된 느낌이 듭니다. 우리나라는 기술의 진보와 더불어 하루가 다르게 변화를 거듭하고 있습니다. 겉으로는 발전하는 것처럼 보이지만 그 이면에는 자살률로 대변되는 그늘이 있다는 사실을 인지하고 사회복지제도 역시 세상이 변화하는 속도에 맞춰 개선되어 가기를 기대해 봅니다.

악마의 심리와
혼합된 비인간적 인격의 얼굴

/ 살인심리 /

카인이 아벨을 죽인 사건은 인류 최초의 살인 사건으로 알려져 있습니다.

그 살인의 원죄는 지금까지도 동기 없는 살인, 보상 없는 살인을 양산하고 있습니다. 신은 견딜 수 없는 증오를 인간의 마음속에 남겨 두고, 그 결말을 자기 징벌 또는 타인에게 전도하는 선택을 인간에게 고스란히 떠넘긴 것은 아닌지 생각해 봅니다.

살인에는 여러 가지 동기가 있습니다.

겉으로는 가지런하게 쌓여 있는 안정적인 벽돌처럼 보이지만 가장 밑 깨진 벽돌에서 기초하는 망상형 살인에

마음처럼 되지 않는 마음을 위한 에세이

서부터 자신의 욕구충족을 위해 걸림돌이 되는 타인을 물리적으로 없애려는 반사회성 살인에 이르기까지 자신의 의사에 따라 타인의 생사를 결정하는 범죄가 일반화되고 있습니다. '아무런 생산 활동도 하지 않고 높은 이자로 생활하는 늙고 추악한 노파는 이 세상에 필요 없는 존재다'라는 라스콜리니코프의 생각은 망상이며, 자신의 뜻에 맞지 않고 명령을 따르지 않는다고 해서 상대방의 존재를 말살하는 알 카포네의 범죄는 반사회성 살인에 속합니다. 이러한 살인심리는 어떤 이득이 부메랑같이 자신에게 돌아오리라는 보상심리가 중요한 기제를 이루며, 범죄수사도 여기서 출발하지요. 자신의 존재를 인정하면 또 다른 나, 즉 다른 사람의 존재도 인정해야 한다는 신의 섭리가 멋대로 망가져 인간 정신의 존재 의의가 사라진 결과가 살인이란 극한 상황으로 표출되는 것입니다.

일반적인 심리진단으로 정의하기 어려운 살인도 있습니다.
자신에게 돌아오는 보상도 없고 동기 또한 불투명한 살

인은 일반적인 심리진단으로 정의하기 어렵습니다. 상위 계급의 분노가 하위 계급으로 전이될 경우 그 소외 계층의 사람들은 자신의 스트레스를 살인이라는 극한 행동으로 표현하기도 합니다. 오랜 기간 마음속에 지속적으로 축적된 스트레스는 언제라도 우발적 살인으로 이어질 수 있는 발화점이 될 수 있는 것이지요. 물론 모든 스트레스가 살인으로 이어지는 것은 아닙니다. 시어머니의 잔소리를 들은 며느리가 실수인 척 그릇을 깨뜨려 요란한 소음을 집 안에 내는 것도 가벼운 스트레스의 발산 형태라고 할 수 있습니다.

동기 없는, 우발적 살인은 아직 정신의학적으로 풀어야 할 숙제입니다.

어떤 학자들은 뇌세포 전달 물질의 일시적 차단, 해리형 정신 기제의 파탄설 등을 주장하고 있으나 아직 정확한 원인과 대처 방법은 못 찾고 있습니다. 역설적으로 현대인은 누구나 타인으로 인한 생명의 위협 앞에 노출되어 있는 셈이지요. 파괴 본능은 희망이 보이지 않을 때 발작적으로 표출됩니다. 1차 세계대전 이후 '잃어버린 시대(Lost Generation)'의 산물이었던 '보니와 클라이드'의 무차별적 살인 행각이 그 좋은 예입니다. 살인, 이것은 인간의 정신 깊숙한 곳에 숨어 있는 악마의 정신이 혼합된 비인간적인 인격의 이중 얼굴입니다.

마음의 평화를 위한 신체의 아픔

/ 화병, 정신성 신체질환 /

요즘처럼 '신경성'이란 말이 유행한 적도 없습니다.

몸의 어딘가에 분명 이상이 생겼구나 싶어 병원에서 온갖 검사를 다 받아 보아도 뚜렷한 원인을 찾을 수 없는 경우가 많습니다. 그러다 어느 순간 언제 그랬냐는 듯 스르르 증상이 없어지는 경우도 대부분이구요. 사회가 복잡해지는 만큼 스트레스의 깊이와 범위도 복잡다단해지고 있습니다. 이러한 스트레스가 해소되지 않으면 인생살이의 고뇌가 되어 정신적 불균형을 일으키고 결국 '신체적 이상'이라는 도피처를 찾으며 자신의 존재를 확인하려고 합니다.

마음처럼 되지 않는 마음을 위한 에세이

정신적 불안증으로 인한 신체의 병은 늘 존재해 왔습니다.

춘추전국시대 기(記)나라 사람들은 언제 들이닥칠지 모르는 외세의 침입에 전전긍긍하며 집단적 스트레스를 겪었다고 합니다. 급기야 하늘이 무너질까 하늘만 쳐다보며 만약의 경우 달아날 곳을 찾느라 생업까지 포기할 정도였고 이로 인해 결국 패망에 이르렀다는 것입니다. 다소 과장이 깃든 이야기지만 감당할 수 없는 스트레스가 얼마나 심각한 결론을 파생시키는지는 충분히 추측할 수 있습니다. 미디어의 발달은 병 아닌 병을 양산하고 있습니다. 신문이나 TV에서 의사가 이야기하는 것을 들어 보니 내 증상과 너무나도 닮아 있다는 것을 인지하는 순간 내가 그 병에 걸렸다는 확신에 참니다. 병원에 가서 진찰을 받고 병이 없다는 진단을 받았음에도 불구하고 나는 아픈데 왜 병이 없냐며 우기기까지 합니다. 그리고 그 의사를 불신하고 이 병원 저 병원 쇼핑하듯 돌아다니며 끝없는 의문 속을 방황하는 경우도 있습니다.

이러한 정신적 심각함의 시작은 불안과 공포입니다.

전쟁터에서 죽음에 대한 공포 때문에 방아쇠를 당겨야 할 병사의 손가락이 움직이지 않는다거나 보기 싫은 사람과 만날 때 갑자기 머리나 배가 아프다거나, 학교에 가기 싫어하는 아이가 갈 시간이면 갑자기 아프다고 하는 것도 이러한 증상들의 일종입니다. 이러한 병 아닌 증상들은 실제 환자에게 심한 고통을 안겨 주지만 어느 순간이 지나면 말끔히 없어지는 것이 특징이기도 합니다. 인간의 건강과 불(不)건강 또는 질병은 개인의 육체적, 심리적, 사회적인 스트레스 요소들과 밀접한 관계가 있기 때문이지요.

특히 사람의 감정은 인체 생리 기능에 여러 영향을 끼칩니다.

불안이나 분노와 같은 감정은 위장 운동과 위산 분비를 증가시켜 위점막 충혈은 물론, 지속 시 출혈이 생기며 결국 위궤양으로 발전하기도 합니다. 슬픔이나 낙담, 두려움은 위장의 기능을 저하시켜 식욕이 없거나 헛배가 부르고 변비나 설사를 일으키기도 합니다. 만성적인 긴장이나 분노는 혈압을 상승시키고 때로는 관상동맥계의 이

마음처럼 되지 않는 마음을 위한 에세이

상, 협심증, 심근경색중 등의 심장 질환을 유발하고 심부전을 초래할 수 있으며 그 외 내분비계, 호흡기계, 피부, 비뇨생식기계의 각종 증상을 유발하기도 합니다. 이러한 증상은 사람의 성격과도 관계가 깊습니다. 성미가 급하고 의존적이며 소극적이며 항상 적개심으로 차 있는 사람은 기관지 천식과 같은 증상을 많이 보입니다. 수동 공격적, 강박적, 히스테리적인 성격은 적응 장애로 인해 두통이나 근육 골격 계통의 증상을 보이기도 합니다. 자신의 갈등이나 실망을 음식물로 보상하려는 부모들의 과잉보호가 자녀들의 독립심을 결여시켜 소극적인 아이로 만들어 비만증을 유발하기도 하고, 반대로 부모의 무관심이나 지나친 간섭으로 매사에 완전병이 있는 강박적인 성격의 아이는 식욕 감퇴, 체중 감소 때론 미혼 여성의 무월경 및 생리불순 등의 특징적인 증상을 보이기도 합니다.

근래 특히 여성의 경우 서구 정신의학이 이해 못 하는 '화병'이란 형태로 나타나는 증상이 많이 보이는데 이것은 정신적 안정을 찾아 주지 못하면 평생을 같이하는 한

국병이라 할 수 있습니다. 속에서 불 같은 것이 올라온다, 잊혀야 할 기억이 자꾸 생각나서 미치겠다, 애들 혹은 남편이 돌아올 때까지 안절부절못하는 독특한 증상은 '신체적 앓음'으로써 마음의 평화라도 얻어야 하는 상태에 도달하기도 합니다. 모난 돌이 정 맞을까 앞으로 나서지도 못하고 속으로 삭이자니 머리가 아프고 심장이 조이고 소화도 안 되고 속이 쓰리고 아프기까지 합니다. 내과에 가서 온갖 검사를 다 하는 등 법석을 떨다가 아무 이상이 없으며 신경성이니 신경 쓰지 말라는 의사의 말에 오히려 더 신경을 쓰며 어떻게 고쳐야 할까 방황하는 사람이 늘고 있는 것도 현실입니다.

화는 풀어야 합니다.
하지만 산다는 것이 신경 쓰임의 연속인데 화내지 말라는 말이 말처럼 쉬운 일은 아니지요. 다만 화가 마음에 머무르지 않고 빠져나갈 수 있는 출구를 스스로 만들어 보는 것이 중요합니다. 이 정도 스트레스가 나를 죽이지 못한다는 자기 최면도 좋습니다. 없던 일도 만들어 바쁜 일상을 살아 보는 것도 좋고, 병에 대한 불안함 대신 건

마음처럼 되지 않는 마음을 위한 에세이

전한 취미와 예술, 문화활동에 관심을 쏟아 보는 것도 좋은 방법입니다. 어쩌면 여러분의 증상이 저절로 사라지는 경험을 하실 수도 있으실 겁니다. 그래도 안 되면 전문의의 도움을 받으십시오. "내가 미쳤소? 정신과에 가게?" 이러한 개인의 인식은 절대 도움되지 않습니다.

풀 길 없는 인간 사슬

/ 질투망상 /

나르시소스는 물 위에 비친 자신의 모습을 보고 황홀해
집니다.

여태까지 보지 못했던 잘생긴 얼굴이 물 위에 떠 있었
기 때문이지요. 그는 너무나도 황홀한 나머지 물속에 빠
져 수선화가 되고 맙니다. 수선화의 꽃말 '나를 잊지 마
오'를 남긴 채. 이렇듯 자신을 사랑하는 마음을 나르시시
즘이라고 합니다. 하지만 이것이 과잉되어 이성에게 투
사되면 평범한 사람은 이해하지 못하는 정신적인 증상이
발현하게 됩니다. 이를테면 내가 아내를 사랑하는 것이
아니라 아내가 나를 사랑한다, 그러므로 아내는 모든 남
성을 사랑할 것이라는 비약적 결론에 도달하여 모든 남

마음처럼 되지 않는 마음을 위한 에세이

성을 연적으로 간주하는 망상에 빠지게 되는 것입니다.

이러한 증상이 발현되면 상대방은 미치도록 괴롭습니다.

하루에도 수십 번 집에 전화를 걸고 퇴근과 동시에 구급차처럼 집에 돌아와 아내를 감시합니다. 자기가 없을 때 집에서 뭘 했느냐는 평범한 질문에서부터 전화 걸때 왜 늦게 받았냐, 그때 어느 남자가 옆에 있었지 않았냐 등 비약에 비약을 거듭하다가 예전 누구와 교제했느냐 등 과거사를 들추며 들볶기 일쑤입니다. 처음에는 나를 너무 사랑하니까 관심의 표현이겠거니 흐뭇해하지만 빈도가 잦아지고 밤새도록 들볶이는 등 정도가 심해지며 상상 밖의 행동이 나오면 아내의 괴로움은 극에 달합니다. 이러한 사람은 정연한 이론과 조직적 상상력을 성격속에 갖고 있으며, 지능과 전반적인 성격에 장애가 없습니다. 만사에 도전적이고 성취감이 강하며 늘 자신만만합니다.

인간은 상상력이 허용된 유일한 동물입니다.

누구나 망상적 정신상태가 될 수 있다는 의미입니다. 망상적 정신상태는 성장과 더불어 초자아에 억눌리고 동일시 대상과 유사한 사고방식을 갖게 되며 정체됩니다. (그래서 동일시 대상의 사고의 건전성이 중요합니다) 장래희망이 대통령인 어린아이를 과대망상에 빠졌다고 걱정하는 사람은 없습니다. 장래희망은 끊임없이 연마되고 축소되어 성인이 되면 자신에게 알맞는 희망의 동상이 세워진다는 것을 알기 때문입니다. 그러나 이 망상이 질투망상과 맞닿으면 보이지 않는 비극의 쇠사슬에 묶이게 됩니다. 이론이 허술하고 허황된 말만 하면서 불안, 초조 속에 자신을 학대합니다. 자신을 과대하게 생각하는 망상형 분열증과는 달리 이 질투망상은 피해자가 한 사람(예를 들어 아내)에 국한되지만 치유가 힘들어 사회의 최소 구성 단위인 가정이 파괴될 가능성이 높다는 점이 특징입니다.

질투망상 환자는 겉으로는 수줍고 약간 과민해 보이나 고집이 세고 사회적 성공을 거두어 주변의 칭송을 받는 경우도 많습니다. 그렇지만 아내에게만은 변태적인 행동을 하며 잠시라도 창살 없는 감옥에서 풀어놓아 주지 않습니다. 주변에서는 아내에게 참으라 합니다. 그래도 가정을 깰 수는 없지 않느냐, 자식을 생각해서 참고 살아야 한다 등 다양한 이유로 이혼에 대한 결행마저도 쉽지 않습니다. 이 괴로움에서 벗어나는 길은 오직 신만이 알 뿐 문제해결을 위한 의지 역시 꺾이게 됩니다. 정신과 치료가 필요합니다. 그러나 강제여서는 안 되며 이론적인 투쟁은 더욱 안 된다는 것을 명심하시기 바랍니다.

신체기관을 통한 사회 부적응의 발현

/ 환청 /

모든 사람은 꿈을 꿉니다.

잠이 깨면 꿈에서도 깨는 것이 정상적인 정신작용이지만 극심한 심적 갈등이나 채워지지 않은 욕망이 해결되지 않는다면 꿈과 현실이 혼동되는 고통에 시달리게 됩니다. 피해망상 속 정신 기제가 인체 감각을 통해 상징화되어 생기는 질환으로 소심하고 자존심 강한 성격의 사람이 사회에 적응하지 못해 생기는 여러 가지 갈등이 특정 인체 기관을 통해 자신에게 되돌아오는 것입니다. 이런 환각, 이른바 비정상적으로 느껴지는 인체 반응 중 가장 흔한 것이 환청인데, 그중에서도 가장 일반적인 것은 뜻을 알 수 없는 소음에 시달리는 것입니다. 여기에서 좀

마음처럼 되지 않는 마음을 위한 에세이

더 발전하면 완전한 문장으로 된 명령어나 말소리가 들리고 그 사람의 행동을 지배하게 됩니다.

　의학적으로 환청이 있으면 반드시 망상이 있으나, 망상 환자가 반드시 환청을 경험한다고 할 수는 없습니다.
　환청은 심인성이 경우가 대부분이지만 때론 생리적인 원인으로도 나타나기 때문입니다. 환청은 자신의 욕구, 자존심, 자책, 죄의식 등 억눌리고 배척 당한 울분, 심적 욕구나 마음의 상태가 투사되어 발생합니다. 투사란 간단히 말해 버스 안 옆에 있는 여자가 자기를 자꾸 보는 것 같은 느낌을 실제 자신이 그 여자에게 관심이 있다는 것으로 착각하는 현상입니다. 환청은 자신의 내면이 투사된 것이므로 자신의 감정이나 전체적인 심리상태를 반영합니다. 그러기 때문에 내면에서 우러나오는 환청의 명령어를 현실과 구별하지 못해 실제 행동으로 옮길 확률이 높고 살인이나 자살의 우려가 높습니다.

　초기에는 통원 치료도 가능합니다.
　그러나 환자가 현실과 내면을 분간하지 못한 채 환청에

의한 돌발적 사고를 내지 않도록 전문가의 정확한 판단을 받는 것이 중요합니다. '나는 못났으니까 죽어야지'라는 등 열등 의식이 환청으로 들리면 실제 자살로 이어질 수 있고 남이 나를 죽이겠다는 소리가 들리면 공포감으로 자폐 증상도 나타날 수도 있습니다. 진단은 빠르면 빠를수록 좋습니다.

마음처럼 되지 않는 마음을 위한 에세이

우울증으로 인한 식습관 변화

/ 비만, 거식증 /

달 밝은 밤, 북쪽으로 비행하는 기러기 떼만 봐도 괜히 슬퍼집니다.

슬픔은 인간이라면 누구나 느끼는 정상적인 감정입니다. 특정한 연령, 계절적 영향 등 일과성으로 지나가면 아무 문제가 없습니다. 하지만 이 감정이 생활 전체에 드리우며 슬픔의 시간이 길어진다면 우울증으로 인한 신체 장애가 발생합니다. 기분이 너무 나빠 음식을 먹고 싶지 않다든지 혹은 음식으로 기분을 푸는 등의 경험은 누구나 경험해 본 가벼운 예라고 할 수 있습니다.

대부분은 이러한 증상에 의학적 병명을 붙여 같은 치료

법을 되풀이합니다.

그러나 이는 근시안적인 접근입니다. 2차적인 증상에만 몰두할 뿐 근본적인 원인 해결은 되지 않기 때문입니다. 특정 증상이 아니라 인간 전체를 유기적으로 관찰하고 육체적인 결함을 찾되 그 결함이 없을 경우 그 병의 그림자인 정신적 요인을 제거해야 비로소 완전한 치료를 할 수 있는 것입니다. 위염, 위궤양, 대장염 등 병명을 의사들이 지어 놓고 기질적 기능만 치료하려 해서는 그 인간 전체의 건강을 되찾아 줄 수 없습니다. 위염 환자에게 위장약만 주어서는 그때뿐, 근본적인 치료가 될 수 없다는 의미입니다.

식탁에서 버려지는 음식이 연간 8조 원이라고 합니다.

과소비의 전형이 아닐 수 없습니다. 먹을 것이 없고 기생충까지 창궐하여 노랗게 뜬 얼굴로 생존경쟁에 시달렸던 국민적 한이 경제 성장을 이루자마자 식욕으로 폭발했다는 논리가 꼰대적 발상으로 비춰질 수 있겠지만 소아 당뇨와 성인병 등 식습관과 관련된 질환이 증가하고 있는 현상이 의사의 관점에서는 결코 예사롭지만은 않습니다.

정신의학적 측면에서 어린이의 과식은 채워지지 않은 사랑의 양과 비례합니다.

사랑에 대한 욕구를 음식으로 대체하고 있다는 것이지요. 각박한 현실에서 정신적으로 버려진 아이는 외롭고 우울해 합니다. 그리고 그 허전한 마음을 메우기 위해 '먹는 버릇'이 생기고 그 버릇이 그들의 몸을 고무풍선처럼 부풀립니다. 주변의 어른들도 한몫합니다. 마른 아이는 신경질적이라는 편견은 아이들에게 더 많이 먹이려는 노력으로 이어집니다. 맞벌이로 인해 부모가 직접 돌보지 못하는 아이는 그 외롭고 허전한 마음이 음식으로 채워지지 않으면 울고 보채며 즉각적인 욕구 충족의 악순환이 되풀이됩니다.

잘못된 다이어트 역시 위험합니다.

다이어트를 잘못 행하게 되면 영양소의 고른 분포가 깨져 항상 기운이 없고 심할 경우 신경성 식욕부전증에 이르러 열 명 중 한둘은 치료, 한둘은 사망, 나머지는 만성적 식욕부전증으로 평생을 보내게 되기도 합니다. 이러한 우울증은 시작 때부터 고쳐야 합니다. 수개월간 기분 나쁨, 먹는 것에 대한 관심의 부족, 만성적인 소화불량이나 복통이 지속되는 경우 내과적 치료만 할 것이 아니라 정신과적인 진단을 받아 볼 것을 추천 드립니다.

죽음과 결혼은 연습이 없다?

/ 결혼공포증 /

"결혼을 해 보라. 그대는 후회할 것이다. 결혼을 하지 말아 보라. 그대는 또한 후회할 것이다."

실존철학자 키에르케고르의 고뇌에 찬 이 소리는 우리와 같은 평범한 인간들을 더욱 아리송하게 만듭니다. 1인 가정의 급속한 증가, 이혼에 대한 인식 변화, 졸혼이라는 요상한 개념까지 등장한 요즘, '결혼은 반드시 해야만 하는 것인가'에 대한 명백한 해답을 누가 자신 있게 내놓을 수 있을까요?

결혼에 대해 다양한 해석이 있습니다.
정신적으로 의존하고 싶은 대상을 탐색하고 한 울타리

에서 함께 살고자 하는 것은 본능과 같은 것이고 이 행위는 타인의 인정을 받아야 하며 부도덕적이라고 지탄받지 않아야 합니다. 그러기 위해선 자신들의 결합 의지를 내외에 과시할 필요가 있고, 결혼은 그러한 목적성에 부합하는 사랑이란 이름의 요식행위 혹은 축제라는 해석이 있습니다. 또 하나의 해석은 독점욕의 표출입니다. 내 인생의 반쪽을 찾아 헤매는 노력이 사랑이고 그 과정을 통해 마침내 차지한 내 반쪽에 대한 독점욕을 스스로 만족시키기 위해 타인이 축복해 주는 의식으로 결혼을 풀이하기도 합니다. 연애의 무덤이든 사랑의 꽃밭이든 결혼은 생육하며 번식하는 인류의 꿈의 궁전임엔 틀림없습니다. 남녀라는 전혀 이질적인 성의 결합은 환상에서 피었다가 현실이란 비료로 꽃피우는 과정을 거칩니다. 그리고 이 과정에는 심리적인 모든 갈등, 불안이 항상 도사리고 있습니다.

오직 한 남자, 한 여자만 보고 살아야 한다는 중압감.
대부분의 예비 신랑, 신부들이 결혼 전 겪는 마음입니다. 이러한 마음가짐은 일종의 불안장애입니다. 자신이 과연 좋은 아내, 자랑스러운 남편이 될 수 있을까, 혹시 여태까지 쌓아 올린 자신의 인격탑이 가장 가까우면서도 먼 배우자에 의해 무너지지는 않을까 하는 불안입니다. 이 불안은 내면에 숨죽이고 있다가 남자의 사회적 성 역할이 여자에게 역전될 경우 남자는 무력감과 자신감 결여 등 유년시절의 거세 불안이 발현되는 계기가 되기도 합니다. 결혼은 꿈 위에 핀 환상의 꽃이라고 생각하는 사람이 많습니다. 신데렐라의 꿈이 실현되었다고 행복해하는 것도 순간, 현실에 부딪히면 꿈은 사라지고 현실의 갈등이 신랑, 신부를 못살게 구는 것이지요.

현실을 직면하는 순간 의식 정지가 발생합니다.
자신을 사랑해 주고 아껴 주는 사람은 오직 이 여자, 이 남자 외 이 세상 어디에도 없을 것이라는 생각에 결혼을 했지만 현실은 그렇지 않음을 깨닫게 되는 순간 일종의 의식 정지가 생겨납니다. 이 의식 정지가 오래 계속되면 도피 심리가 생기고 가정에서 멀리 떨어지고 싶은 마음이 그들을 방황하게 합니다. 이런 마음가짐은 중매 반 연애 반의 요식 절차를 거친 남녀 사이에 그 발생 빈도가

마음처럼 되지 않는 마음을 위한 에세이

높습니다. 20년 하고도 수년간 전혀 다른 환경, 전혀 다른 의식 구조 속에서 자란 이성이 한 이부자리 밑에서 의식의 용해에 이르려면 일정 수준의 시간이 흘러야 합니다. 그 시간의 완성을 기다리지 못하고 순간순간 치미는 사랑에 대한 회의를 과정으로 인식하지 못하면 '역시 남이었구나'라는 미완의 결론에 이르게 됩니다. 이러한 정신적 불안과 갈등은 남자에게 더 많이 나타나는데 소위 모성 콤플렉스가 해소되지 못한 채 결혼한 남자에게서 발생합니다. 이 정신상태는 여자에게 양가 감정으로 나타날 수 있습니다. 어느 때는 연인이 몹시 사랑스럽고 예쁘게 보이다가도 어느 때는 밉고 보기 싫은 이중성으로 표출됩니다. 결혼한 뒤 아내를 보호해 주고 사랑해야 한다는 의무감이 아내에게 의지하고 사랑받고 싶은 마음과 충돌, 갈등을 일으키는 것이지요. 아내를 생각하는 무의식의 골짜기에 어머니로부터 받은 무한한 사랑을 기대하기 때문입니다. 예비 신부에게도 어린 시절 마음의 상처가 결혼을 계기로 표출될 수 있습니다. 어린 시절 아버지의 생활이 무질서하고 여성 편력이 심한 것을 보며 살아온 신부는 남성에 대한 불신이 뿌리 깊이 박혀 있어 그 감정이 남편 될 사람에게 전이될 가능성이 크고 분리불안, 불신, 모성 또는 부성애의 콤플렉스가 작용하여 남자를 사사건건 감시하고 간섭하려 드는 성격이 새로 형성됩니다.

여자가 남자보다 결혼공포증을 더 심하게 않습니다.
공포증이란 무섭다는 감정보다 막연하게 느끼는 불안 그 자체로 해석하는 것이 옳습니다. 이 불안은 환상의 크기와 비례하고 기대감의 수준만큼 정신적 압박감을 느끼는 증상으로 짐승이나 유령을 보고 느끼는 무서움과는 다르다는 이야기입니다. 결혼은 평생을 걸어야 한다는 점에서 도박과 유사합니다. 이 도박에서 이기느냐 지느냐가 무서운 것이 아니라 이겨야 한다는 강박관념이 두려운 것이고, 이것이 긴장을 부르고 스트레스가 되어 심리적 갈등을 불러일으킵니다. 미국의 정신의학자 홈즈가 스트레스의 강도를 수치로 나타낸 것을 보면 가장 행복해야 할 결혼에 대한 스트레스 수치가 100점 만점에 70점 이상으로 올라간다고 합니다. 아이러니하게도 배우자의 사망이 100점으로 가장 높았는데 인간과 인간의 만남

마음처럼 되지 않는 마음을 위한 에세이

이란 이렇게 묘한 야누스의 얼굴을 갖고 있습니다.

죽음이 갈라놓지 않는 한 결혼 생활은 깁니다.

인생 초반부에 결혼하여 살아온 시간의 두 배 이상의 시간을 함께합니다. 서로가 서로에게 천하제일이고 위대한 존재라는 것을 깨닫지 않으면 행복한 결혼에 입문할 수 없습니다. 결혼 전 수없이 망설임과 갈등을 겪는 것은 당연합니다. 죽음과 결혼 앞에 연습이 없기 때문이지요. 그렇다고 바람 부는 대로, 물결 치는 대로 살면서 빈손으로 왔다가 옷 한 벌 건졌다는 식의 타타타 증후군을 갖고 결혼해서는 안 됩니다. 물론 너무 큰 기대와 환상 역시 경계해야 할 부분입니다. 결혼 후 발생되는 문제점은 수없이 많을 것이며 밖에서 보는 꽃밭은 아름다울지라도 직접 들어가 보면 벌레도 꾀고 아름다운 꽃 밑바닥은 진흙탕이라는 사실도 알아야 합니다. 두 사람의 결합에서 생기는 문제점은 둘만의 의기투합해서 해결될 일만 있는 것도 아닙니다. 아내를 키워 준 집, 자신의 남편을 있게 해 준 식구들과의 갈등과 마찰도 해결해야 할 문제이기 때문입니다. 태어날 아기도, 서로의 경제적 위치도 갈등이 될 수 있습니다. 결혼은 이런 갈등을 극복하고 정상에 올라야 하는 어렵고도 긴 여정임을 명심하시기 바랍니다.

혼전 첫경험을 한 여성의 심리 변화

역사 이래 여성의 첫경험은 수많은 희비극을 연출해 왔습니다.

첫경험은 성의 문 앞에 선 소녀들의 고민 그 자체였습니다. 일정 기간 동안 소녀의 신비스러운 신기루 밑에 숨겨진 증거는 마침내 첫경험으로 밖으로 드러나게 되고 이때 여성은 정신적 혼돈이 끝없이 펼쳐지는 것을 경험합니다. 그 첫 번째가 바로 상실감이지요.

사랑으로 포장된 감정이 어느 날 첫 번째 육체적 관계를 경험하게 되면 일시적인 양가 감정이 생겨나고, 감정의 미숙 상태에서의 양가 감정은 과민 상태를 불러일으

마음처럼 되지 않는 마음을 위한 에세이

켜 곧잘 하던 일도 못 하게 되는 등 혼돈 상태가 오게 됩니다. 남자는 정복욕 충족의 반대급부로 허탈감이 들지만 그 정복욕을 수용한 여자는 그 아픔의 자리에 의지와 믿음이 생겨납니다. (그러나 강제로 당한 경우는 예외) 여기에서 몇 가지 갈등이 생길 수 있습니다. 육체적 출혈이 첫 경험의 증거가 될 수 없음에도 감정의 갈등을 촉발할 수 있기 때문입니다.

그리스 신화에 나오는 결혼의 신 하이멘에서 그 어원이 파생된 처녀막(hymen)은 간혹 철없는 남녀의 파경 문제로 대두되기도 합니다. 완전한 밀봉의 형태가 아니며 출생 때부터 거의 없는 경우도 있고, 수직으로 양분되어 있거나 거의 막혀 작은 구멍이 포도송이처럼 나 있는 경우도 있는, 이 퇴화 중인 조직은 인체 구조에 무지했던 수십 년 전만 해도 여성의 순결을 증명 또는 보호하는 절대적인 물적 증거가 될 수 있었습니다. 이것은 여권을 무시한 남자들이 일방적으로 만들어 놓은 악의적 함정과 같았지요. 아라비아에서는 첫날밤을 치른 후 침실 바닥에 깔린 하얀 카펫에 묻어 있는 성혈을 처녀성의 증거물로

제시해야 했다고 합니다. 이 해부학적 상식에 어긋나는 악습 때문에 얼마나 많은 여성들이 비극적 삶에 빠졌는지 그 수를 헤아릴 수조차 없습니다.

첫경험의 두 번째 정신적 충격은 불안감입니다. 가장 중요한 것을 빼앗겼으니 자신에게는 더 이상 남은 것이 없고 일방적으로 끌려다닐 것이라는 불안감입니다. 상대가 사랑하지도 않는 친구 정도로 여긴 남자였다면 이 불안감은 공포로 바뀝니다. 아무리 이성적인 계산을 해 봐도 결혼해서 행복할 조건이 남자에게 보이지 않는다면 그 불안은 정신적 압박으로 작용하게 되고, 자신을 버렸다는 공포감으로 세상 살맛을 잃게 되는 참담한 심경이 됩니다. 처녀성이 자신을 방어하는 최후의 무기라고 생각하고 그러한 사고가 은연중 사회의 의식 흐름으로 작용할 때 잃어버린 처녀성은 여성을 더욱 불안하게 만듭니다. 이 불안은 갖가지 신체화 증상을 야기할 수 있는데 실망이 겹치면 우울이 발생하여 자살의 위험까지 있을 수 있습니다. 그러나 우리 사회 현실은 남녀 공히 혼전 순결에 대한 관심도가 옅어져 가고 있어 큰 위험 요소로 작용하지는 않는 것으로 보입니다.

세 번째는 신경증적 증상으로 강박관념에 의한 불결함이 그녀를 못살게 구는 경우입니다. 예를 들어 사랑의 행위 때 취한 몸짓이 생각나 스스로 더럽고 추하다는 감정이 그녀를 못살게 구는 것인데 이것은 신체화 증상으로 나타나 임신 초기에 일어나는 입덧 현상이 나타나는가 하면, 키스했던 입술을 반복해서 씻기도 하고 남자의 손길이 닿은 피부 밑으로 스멀스멀 벌레가 기어가는 듯한 착각마저 들기도 합니다. 어릴 때 엄격한 아버지 밑에서 결벽감이 고착화되어 성장하면서 완벽을 추구하는 성격이 강한 여성이라면 강박증으로 평생 씻지 못할 상처를 입기도 합니다.

네 번째 정신적 부담은 이 행위가 한 번으로 끝나야 한다는 의식이 지배하는 경우입니다. 첫경험으로 인해 남성혐오증이 생기면 평생 불행해질 가능성이 있다는 것입니다. 그러나 걸어온 길은 짧고 가야 할 길은 멉니다. 일시적 정신적 고통을 자기 단련을 위한 시금석으로 승화,

발전시키는 슬기가 필요합니다. 이러한 모든 정신적 장애는 그녀를 괴롭히는 돌발 상황이 발생하지 않는 한 시간이 해결해 줄 수 있는 문제입니다. 임신 혹은 임신중절, 성병 감염, 원치 않는 임신으로 인한 결혼, 사회에 알려지면 파멸이라는 강박 등이 그녀에게 일어날 수 있는 단기적인 돌발 상황이라 할 수 있습니다. 이러한 상태가 발생하지 않는 한 그녀의 고민은 시간이 지나면서 점차 희석되고 사회생활이 불가능할 만큼의 심각한 상황은 오지 않습니다. 이러한 증상의 치료는 일과성이기 때문에 부담을 가질 만큼 큰 것은 아니고 빠른 시일 안에 밝은 세계로 나올 수 있습니다.

마음처럼 되지 않는 마음을 위한 에세이

남성 폭력의 심리분석 및 치료

폭력은 한 마디로 자기방어 본능의 과잉 행동입니다.

상처받은 자존심과 자신의 욕구 해소에 충실하려는 정신적 약자의 행동 양식이라는 의미입니다. 그들은 자신이 폭력으로 상대방을 무릎 꿇렸다고 착각하며 폭력 뒤에 엄습하는 반동이나 허탈함은 쉽게 잊어버립니다.

폭력은 자신의 우월성을 증명하려는 육체 언어이며 늘 그럴듯한 명분으로 무장되어 있습니다. 폭력은 성장과정에서 발생하는 일시적 행동발달 행위로 종결되면 성인이 되어서도 아무런 트러블 없이 안정된 삶을 영위할 수 있습니다. 그러나 가정을 이루고 책임질 가족이 있는 경우에도 상습적이고도 충동적으로 나타나는 폭력은 자신뿐 아니라 주위 사람에게도 큰 피해를 줍니다. 사춘기가 지나서도 남과 시비가 잘 붙거나 자신의 주장을 굽히지 않고 남이 자기를 무시한다고 불평하며 목적을 위해 수단과 방법을 가리지 않는 성격으로 남는다면, 그는 약자에게 강하고 강자에게 약한 이중성격자가 될 확률이 높고 폭력을 통해 자신의 존재를 과시하려는 소아병적 성격에 머물고 맙니다.

폭력성이 있는 남자에게 반드시 가학 성욕이 있는 것은 아니지만 이러한 변태성이 폭력에 가미되면 가정을 포함한, 그가 속한 피붙이 집단은 비극이 되풀이되는 불안한 환경이 되고 맙니다. 폭력을 휘두르는 남자의 가족사를 보면 엄한 아버지 밑에서 자라 항상 스스로 '나쁜 놈이다' 라는 죄의식에 젖어 있으며, 무의식 중에 어머니와 동일화하려는 정신기제가 생겨 거세 불안을 안고 자랍니다. 결혼을 해서 아이들을 양육하는 생활 속에서 아내나 아이에 대한 폭력이 계속된다면 그는 어김없이 피해망상의 전조 단계에 서 있다고 판단할 수 있습니다. 수치와 창피에 대해 과민 반응을 일으켜 그 보상행동으로 남을 의식하다가 이치에 맞지 않는 명분으로 본인과 가장 가까운 아내나 아이들에게 폭력을 행사합니다. 아이 교육 문제, 아내에 대한 정숙함에 대한 강요가 지나쳐 만사를 비뚤게 보고 의심하며 상대의 말을 믿으려 하지 않습니다.

폭력 자체가 잘못된 정신 기제의 폭발이므로 강자에게 얻어 맞아도 자신의 주장을 굽히지 않고 맞대결함으로서 폭력성을 증명하게 됩니다. 약자에게 가해지는 폭력성에 질투망상이 가미될 경우 그 피해는 더욱 막심하기 마련인데 이런 사람은 겉으로 보기에 정상인보다 더욱 멀쩡한 경우가 많습니다. 예의 바르고, 수줍고, 사근사근하며, 폭력과는 전혀 관계 없는 사람 같아 보입니다.

여자라는 신체적 약자에게 쓰는 망상적 폭력은 억압된 동성애적 고착이 원인입니다. 이 억압은 다른 사람, 자신이 가장 사랑하는 사람에게 투사되어 나타납니다. '나는 그녀를 사랑한다'란 관념이 부정적으로 투사되어 '그녀는 나를 사랑하지 않는다'가 되고 그에 대한 온갖 이론이 증명하려 노력하는데 그 증명이 만족스럽게 되지 않을 경우(만족하게 되면 망상이 생길 리 없습니다) 폭력으로 발현되는 것입니다. 오랜만에 아내가 외출이라도 하고 오면 '어디서 누구를 만났느냐', '그 남자와 몇 시부터 몇 시까지 여관에 다녀오지 않았느냐'로 시작하여 자신이 상상할 수 있는 온갖 상황을 열거하며 인정하라고 윽박지릅니다. 아내의 주장에 다시 말꼬리를 잡아 또 다른 이론을 전개하고 그 이론에 만족할 만한 결론이 없으면 느닷없이 딴 이론을 꺼내 들고 상대방을 곤경에 빠뜨립니다. 이러한 상황에서는 부정도 긍정도 모두 폭력의 대상이 됩니다. 극단적 표현이지만 죽지 않으면 고치지 못할 이 망상 폭력은 가정 내에서만 일어나며 당사자는 정신병으로 인정하지 않는 멀쩡한 사회인으로 생활하는 경우가 많습니다.

억지로 설득하거나 치료하려는 노력은 오히려 상대의 망상 조직의 일부가 되어 혼란만 가중됩니다. 그의 이론은 견고하게 올린 벽돌담처럼 보이지만 제일 밑의 벽돌은 깨져 있는 상태와 같습니다. 이러한 사람의 가정은 별

거, 이혼 등의 비극으로 끝날 확률이 높고 부득불 잘 버티어 나간다면 나이가 들어 힘이 없어져 폭력을 못 쓰게 되는 정도에서야 비로소 끝이 납니다.

폭력은 처음부터 버릇을 들이지 않는 것이 중요합니다. 처음 폭력을 시작할 때 단호한 태도로 고치지 않으면 평생 '매 맞고 사는' 아내가 될 수 있음을 명심하시기 바랍니다. 하지만 망상 상태의 폭력은 매우 고치기 힘듭니다. 이론의 정당함과 폭력의 당위성에 대해 이론으로 맞서 이길 수 없기 때문입니다. 병원에 데려가도 자신을 돌봐주는 사람만 필요로 할 뿐 그 이상의 치료는 거부하는 경우가 대부분입니다. 이들 폭력 행사자는 수치심과 창피함이 결여되어 있어 자신의 행동에 대한 어떠한 의문이나 반성이 없습니다. 그렇다고 폭력을 쓰는 남자에게 동조하는 태도 역시 금물이다. 확신이라는 불에 기름을 붓는 꼴이기 때문입니다.

매 맞아 가며 사는 방법은 없습니다.
여성이 피학성욕자가 될 가능성도 있기 때문에 하루빨

마음처럼 되지 않는 마음을 위한 에세이

리 정신과 의사와 상담 후 자신의 삶을 새롭게 개척하지 않으면 이 폭력이라는 불행의 불꽃을 끌 길은 없습니다.

현대 여성의 피할 수 없는 터미널

/ 생리 전 긴장 증후군 /

성숙한 여성의 증명은 한 달에 한 번씩 찾아옵니다.

어느 날 새벽 이불 위에 빨갛게 핀 장미꽃을 본 사춘기 소녀의 성적 쇼크는 생명의 신비를 가르쳐 주는 첫경험이지만 이후 상당 기간 피할 수 없이 매달 겪어야만 한다는 심경이 편할 리 없습니다.

결혼 전의 월경은 첫날밤의 아픔을 예고하지만 결혼 후의 월경은 성숙한 여성의 증명이며 생의 환희를 느끼게 합니다. 그러나 이 월경은 일단 출혈과 불편함이 따르며 이로 인한 정신적 변화는 반복되는 불안이 표면화되는 계기가 됩니다. 다음 달 또 어느 날 출혈을 할 것이란 마음의 준비는 정신을 긴장시키고 자궁을 의식하게 되어 성의 수치감이 외부로 표현되기도 합니다. 월경은 난소의 활동으로 개시되며 그 주기는 여성호르몬인 에스트로겐의 분비에 의해 좌우되는데 이에 병행하는 감정은 이성을 향한 막연한 동경이며 그 꿈이나 공상이 충족되지 않으면 좋았던 기분도 초조와 짜증으로 변합니다.

그 사이에 배란이 이루어지고 그것이 끝나면 긴장이 풀리며 월경 전기가 시작되는데 이때부터 본격적인 정신성의 후퇴가 옵니다. 이 시기가 감정의 평정을 이루기 가장 힘든 때이고 이때를 여성의 회기 신경증이 발현하는 때라고 보며 전형적인 비정상적 증상이 나타납니다. 기분이 우울해지고 짜증이 나며, 공연히 몸이 불편한가 싶기도 하다가 흥분하고 우는 경우도 있습니다. 이때는 자신의 육체 더 나아가 극단적으로 자신의 운명이 더럽고 치사한 것이라고 생각되어 스스로를 파괴하고 싶은 욕망도 생기는데, 이런 전형적인 증상을 월경 전 긴장 증후군이라고 부릅니다. 매월 이 증상을 앓는 여성의 경우 그 고통이 너무 커 어린아이들의 투정처럼 비치기도 합니다.

실제 신경증적인 소질을 가진 일부 여성에게는 영아적 욕구가 부활되어 어린이처럼 돌봐 주기를 바라며 이 욕구가 충족되지 않으면 식욕 부진 혹은 반대로 과식하는 습관이 생기기도 합니다. 그래서 체중이 갑자기 불기도 하고 복부팽만감, 변비, 두통이 생기기도 하지요. 이 같은 증상은 임상적으로 정확히 규명되지는 않았지만 내분비 계통과 두뇌 작용 간의 상호작용에 불균형이 원인이라는 학설이 꽤 설득력 있게 받아들여지고 있습니다. 이 증상의 치료법은 정해진 것이 없을 뿐 아니라 다른 증상이 생겨도 월경이 문제라는 것을 인정하지 않습니다. 그 증상이 중하지 않고 일시적이기 때문에 구태여 근본 원인을 밝혀야 하는 명분이 약할 수밖에 없겠지요. 단지 머리나 배가 아프면 약간의 진통제를 먹고 가벼운 운동을 통해 심신의 이완을 꾀하는 정도가 가장 일반적인 방법입니다. 이 증상 자체를 호소하며 병원에 오는 경우는 드물지만 일부 신경증적인 여성이 다소 엉뚱한 육체적 불편을 호소하면 월경 전인지 여부를 진찰할 필요는 있습니다.

40대 이후 섹스 무력증,
먹는 것보다 정신적 여유

/ 황혼 정력 /

소외감을 느끼는 시점이 점점 빨라지고 있습니다.

젊음은 속절없이 가고 있는데 책임과 의무는 줄지 않습니다. 평균 수명의 연장으로 황혼의 시간은 길어지는데 몸은 말을 듣지 않고 마음의 여유는 여백이 줄어들기만 합니다. 경제적 능력은 자식들에게 다 바쳤는데 돌아오는 것은 딱히 없고, 노년을 즐길 물질적 준비나 풍요는 고사하고 그저 빡빡한 현실을 버틸 따름입니다. '한번 간 것은 돌아오지 않는다'라는 진실은 현실을 짓누르며 세상살이의 의욕을 앗아 갑니다.

40대 이후 의욕이 충천해도 모자랄 나이에 이러한 심리

마음처럼 되지 않는 마음을 위한 에세이

상태가 오게 되면 제일 먼저 생기는 증상이 섹스 무력증입니다. 통상 '정력이 줄었다', '밤이 오는 것이 기쁘지 않다'는 말로 표현되는 이 무력 증상은 남자의 인생을 좀먹는 가장 일반적인 갱년기 증상입니다. 갱년기는 여성만의 전유물이 아닙니다. 성의학자 마스터스 등의 보고에 의하면 미국 남성의 5% 정도가 경미하나 갱년기 증상을 앓고 있다고 합니다. 우리나라 남성의 경우는 정확한 통계가 없지만 45세가 넘으면 우선 성생활이 안 된다고 호소하는 경우가 늘고 있습니다.

죄송합니다만 갱년기 남성의 성생활을 극복할 정력제는 없습니다. 다양한 민간요법과 시중에 유통되는 기능성 식품까지 신박한 기능과 혹할 만한 후기들을 자랑하고 있지만 어디까지나 희망사항일 뿐 실제로 그러한 효능이 발휘되는지는 의문입니다. 정력이 떨어진다는 것은 육체적으로는 남성 호르몬의 분비가 감소되어 남성화 작용과 단백동화 작용이 떨어져 혈관계, 비뇨기계 등의 노화 작용이 생겨 생리적으로 '잘 안 되는' 상태입니다. 남성의 성기능은 적절한 신체적, 정신적 조절하에 나이가 많다고 소실되지는 않습니다. 그러나 정신적 쇼크가 있다면 무엇을 먹는다고 회복되는 성질의 것이 아니며, 의욕이 없는 곳에서 즐기려는 정신적 여유 역시 생기지 않을 것입니다. 어린 시절의 수치심, 그 쇼크와 정신적 상처에 대한 방어기제가 어떻게 되어 있는지 알아보는 것도 황혼기 능력을 되찾는 지름길임을 알아 두시기 바랍니다.

마음처럼 되지 않는 마음을 위한 에세이

멀고 험해도 가야 할 길은 가야 합니다

/ 정신질환 대책과 우리의 현실 /

정신질환자가 해마다 무서운 속도로 증가하고 있습니다.
육체적인 병은 생로병사의 순환에 의해 나을 수도 있
고, 때가 되면 죽는 것이 숙명이나 정신질환은 인간이 인
간답게 살 수 있는 권리를 박탈하고 주위 사람들에게까
지 피해를 줄 수 있다는 측면에서 한 개인이나 가족의 문
제가 아닌 국가적 차원의 문제로 접근하는 것이 더 타당
하리라 생각됩니다.

정신질환자의 수는 84년 40여만 명이던 것이 91년에는
93만 3천여 명으로 해마다 불어나 7년 동안 2배 이상이
늘어났고 잠재적인 반사회성 인격 장애자, 우발적인 범

죄행위를 저지를 수 있는 예비(?) 환자까지 고려한다면 우리는 정신질환에 포위되어 살고 있는 셈이라 할 수 있습니다.

정신질환은 주위 사람들에 대한 피해 확산 문제나 자신을 스스로 관리하지 못하는 특성상 주위 사람 또는 사회적인 관심이 집중되어야 하고 복지국가를 지향하는 국가 정책상 보호받아야 합니다.

그런데 우리의 현실은 어떠합니까?
환자가 마음 놓고 치료받을 시설은 완벽합니까, 그리고 그 가족의 경제적 부담은 가볍습니까, 치료하는 의사가 의료에만 전념하며 환자를 돌보고 사회에 복귀할 수 있도록 여건은 되어 있습니까, 국가정책은 이들 그늘진 인생과 치료 의사를 보호하는 쪽으로 짜여 있습니까. 갖가지 현안에 대한 속 시원한 해답이 선명하게 떠오르지 않습니다.

세기말을 회고하며 1

/ 종말론 /

20세기가 동트려는 여명기.

1890년대에 세기말적 퇴폐가 세상을 뒤덮은 일이 있었습니다. 환락과 방탕, 내일은 없다는 절망감이 인류의 정신상태를 지배하고 세상이 끝난 듯한 니힐리즘이 팽배했던 시기였습니다. 보들레르의 악의 꽃이 유럽의 도시 뒷골목 진창에 피고 쇼펜하우어는 젊은이들에게 자살을 부추겼던 시절이었습니다. 19세기 초에 핀 이 염세와 허무주의가 세기말에는 퇴폐로 이어지며 세상을 최악의 광란상태로 몰아넣은 것이지요. 그때는 순간의 쾌락만이 인생의 전부였고 종말 후의 세계에는 아무도 관심이 없었습니다.

마음처럼 되지 않는 마음을 위한 에세이

20세기에 들어 '신은 죽었다'고 외치던 실존철학이 지식인들 사이에 스며들고 양차 세계대전으로 수천만 명의 목숨이 자신의 뜻에 관계없이 쓰러져 간 뒤 정신적 방향성을 잃은 인간들 사이에는 출처를 알 수 없는 종말론이 인간의 의식을 세뇌, 그 피해가 확산되기 시작했습니다.

이를 두고 자본주의 발전 단계상 거치게 되어 있는 부의 축적 과정에서 소외된 사람들의 정신적 항거, 정신적인 탈출구는 없이 갇힌 환자의 몸부림 아니면 견딜 수 없는 압박감에 질식할 것 같은 강박이라고 사회학자들은 풀이하고 있지만 이 또한 1+1=2가 되는 명백한 진리는 아닙니다. 맞지 않는 이론을 자기 논에 물 대기 식으로 수사학적 해석을 붙여 자신의 최면 속으로 끌어들인 불가사의한 결과물일 뿐입니다.

종말론의 확산을 사회 병리 현상으로 보는 시각도 있습니다. 오도된 사상, 종교적 최면을 풀어줄 능력 있는 인간이 없다는 데 정신의학자로서 깊은 한계를 느낍니다만 종교의 역할과 가치를 부정한다는 의미는 아닙니다. 다만 피해망상에 젖은 종교집단의 광란을 보고 있으면서도 종교의 자유를 제재할 수 없는 법의 테두리 핑계로 강 건너 불 보듯 우리의 안전만 생각하는 이기심 가득한 달팽이처럼 숨어 있는 것 같은 현실이 아쉬울 뿐입니다.

무엇이 진리일까요? 이 가치관의 혼돈 속에서 아무것도 할 수 없는 인간 한계를 극복하고 진리를 발견할 수 있는 과학의 힘을 기다리는 것 또한 종교적 광란자와 다를 바 없다는 생각이 스칩니다. 다수결로 결정될 수 없는 진리, 어디서부터 시작해야 할지 모르는 의식 속에서 유일한 진실은 시간은 계속 흐르고 있다는 것. 해는 내일 또다시 뜰 것입니다.

1999년 어느 날

마음처럼 되지 않는 마음을 위한 에세이

세기말을 회고하며 2

/ 한탕주의 /

　산업사회에서 경제대국으로 발돋움하는 사회 변혁기에는 사회발전 속도가 가속화되어 인간의 정신세계는 혼란에 빠지기 쉽습니다. 어제까지 진리라 믿었던 것이 오늘은 허위로 바뀌고 내일을 보는 시야는 안개로 뒤덮여 한 치 앞도 분간 못 할 불확실성에 두려워하기도 하지요. 이러한 시국에는 재빨리 기회를 잡아 부를 축적하는 사람이 있는 반면 그렇지 못한 사람이 늘 공존하게 됩니다.

　이 둘 사이에 갈등이 생깁니다. 자기가 못 가진 것을 가졌다는 시기심이 광범위하게 확산되면 기회를 포착한 정당한 수법이 비정상, 비도덕적인 것으로 보이고 '못 먹

　　　　　마음처럼 되지 않는 마음을 위한 에세이

는 밤에 재나 뿌리자'는 뒤틀린 심성을 갖게 되는 것이 신이 창조한 유일한 예술품인 인간의 어쩔 수 없는 약점입니다. 이러한 사회 병리는 가치관의 혼돈과, 자신의 위상 변화를 가져와 이것을 바로잡아야 한다는 자기 중심주의가 합쳐져 한탕주의로 사회 전반에 스며들게 됩니다. 경제 단위가 커짐에 따라 상대적인 자기 축소가 갈등을 낳고 힘들게 일하기보다는 한탕만 하면 전부 보상된다는 인간성 빠진 배금주의가 팽배해지는 것입니다.

돈 때문에 세상이 뒤죽박죽된 사회 현실을 보며 2000년대의 한국의 모습을 상상해 봅니다. 인간이 단단히 딛고 서야 할 땅이 돈이라는 지층 위에서 흔들리지는 않을지, 어디서부터 문제를 풀어 가야 할지 몰라 카오스(대격동)의 소용돌이 속에 빠져 허우적거리지는 않을지 우리에게 닥칠지 모를 문제들을 혼자 고민해 봅니다.

'세기말적 퇴폐'라는 말이 있습니다. 1890년대도 그랬고 2000년대 문턱에도 이 세기말적 퇴폐는 혼돈의 시대에 우리가 넘어야 할 고갯길이며 나락이 아닌 희망의 고갯길로 함께 만들어 갈 수 있기를 바라 봅니다.

2000년 어느 날

마음처럼 되지 않는 마음을 위한 에세이

問答(문답)

37세 대기업 과장입니다.

직장생활 11년 차로 입사 후 지금까지 기획 업무를 담당해 왔습니다. 요즘 들어 일에 대한 자신감이 없어지고 새로운 일이 생길 때 두려움이 앞서며, 일에 대한 의욕도 느끼지 못합니다. 만사에 우유부단하고 걱정이 앞서는 소심증을 이기지 못해 그만두고 싶은 생각도 자주 듭니다. 왜 이런 증상이 생기는지 주위나 아내와 상의할 수도 없고 혼자만 고민 중입니다. 조언 부탁드립니다.

- H상사 K

마음처럼 되지 않는 마음을 위한 에세이

答

　불안과 공포는 생활의 양념처럼 떨쳐 버릴 수 없는 인간의 속성입니다.

　유년시절 불현듯 엄마가 없어지지는 않을까 하는 분리불안, 사냥 간 사이 저장해 둔 음식을 누가 훔쳐 가지는 않을까 하는 불안은 인류 생성부터 이어진 무의식적 정신기제이며, 언제든 낙오자가 될 수 있다는 불안과 공포는 현대를 살아가는 사람 누구에게나 있을 수 있습니다.

　고민의 원인이 기획이라는 업무 특성과 연관 있는 것은 아닌지 생각해 봅니다.

　일반적으로 기획 업무는 무에서 유를 만들어 내는 일입니다. 나의 기획안이 웃음거리가 되지는 않을까, 과연 성공할 수 있을까 하는 불안감이 늘 기저에 깔려 있지는 않으신지요. 이러한 불안으로 11년을 살아왔다면 이에 대한 스트레스성 불안이 무의식 깊숙이 잠재해 질문자의 정신에 상처를 줄 수 있습니다. 이 정신적 상처는 무능하다는 소리를 들을까 두려워 주변 사람이나 가족과도 의

논하지 못하게 하는 특성이 있습니다. 구조조정, 워크아웃이 일상사인 현실 앞에 무능은 내가 바로 그 대상자임을 증명하는 것이고, 이러한 불안은 속으로 움츠러들어 스스로를 소심자로 만듭니다.

다행히 아직 불안과 공포증이 신체화되지 않은 것 같으니 전문가와 상의하면 현재의 증상은 어렵지 않게 개선될 것으로 보입니다. 불안이 견디지 못할 수준으로 커지면 신체 증상으로 전환됩니다. 숨이 가빠지거나 갑작스런 혈압의 상승 혹은 지나친 건강 염려증을 유발하여 정신적 책임을 신체에 떠넘기게 되지요. 견딜 수 없는 정신적 괴로움을 신체가 대신 울어 주는 것입니다.

혹시라도 알코올이나 도박 등의 '잡기'로 빠지기 전에 상세한 심리 상담을 받아 보시길 권합니다. 반밖에 남지 않은 물을 염려하기보다 아직 반이나 남았다는 여유를 의식적으로 가져 보는 것이 도움이 됩니다. 혼자 결론 내리지 마시고 전문가와 상의해 보세요.

- 정신과 전문의 권기철

마음처럼 되지 않는 마음을 위한 에세이

무제 1

　자신의 인간다움과 천부의 권리를 스스로 지키지 못하는 자의 인권이 그 주인공을 뺀 다른 사람들에 의해 논의되고 있다. 절대빈곤으로 정신질환자를 돌볼 여유가 없어 쓰레기 버리듯 격리만 해 온 과거의 사회제도나 정책의 옳고 그름을 떠나 경제적 풍요를 이룬 지금, 이들을 보호하고 완전한 사회인으로 복귀시키고자 하는 이슈에 관심이 높아진 것만으로도 의업에 종사하고 있는 필자로서는 대단한 발전이라고 생각된다.

　걸어 다니는 흉기가 될 수 있는 정신질환자의 인권을 인정할 것인가에 대한 질문은 잠시 논외로 치자. 혼이 나

　마음처럼 되지 않는 마음을 위한 에세이

간 그들이 인권에 스며 있는 자유와 책임을 감당할 수 있는지는 미지수이고, 이를 인정한다 하더라도 정상인이 부여해 주는 박애 정신의 소산일 테니.

일단 인권을 부여한 상황에서 이들을 어떻게 치료하고 정상적인 사회생활로 되돌아가게 할 수 있는가에 대한 책임은 정상인에게 있으므로 그 역할 분담을 정확히 해야 할 것으로 생각된다. 국가적인 차원에서는 예산도 부족하고 인원도 부족하므로 사설요양원을 합법화해서 한곳에 모아놓고 집단 치료를 하자는 발상도 일면 합리적이다. 그렇지만 요양원에서의 의사 없는 치료는 격리 수용의 의미만 있을 뿐, 환자의 치료와 사회 복귀 문제는 해결할 수 없다. 이나마 수용시설의 절대 부족도 문제다. 치료가 병행되지 않는 수용만으로 정상적인 사회생활 복귀를 기대할 수 없기 때문에 본래의 목적에 부합하지 않는다.

요양원 비용 역시 만만치 않다. 설사 경제적 여유가 있다 한들 요양원에 들어가려면 최소 6개월 이상을 기다려야 하는 현실에 대한 대책 수립이 필요하다. 양질의 치료법과 유능한 의사가 있는 대학병원 또는 종합병원에서 대규모 정신 병동을 짓지 않는 이유 역시 감안하여 제도적 개선에 반영해야 한다. 민간자본으로 요양원을 많이 지으면 관리, 감독할 수 있는 의사의 신분 보장하고, 수가 문제를 개선하는 등 제도적 장치가 병행되어야 정신 질환자를 위한 실효성 있는 의료서비스가 가능해지리라 생각한다.

무제 2

나의 2세가 다른 아이들보다 특출 나고 귀염을 독차지하기 바라는 마음은 모든 보통 어머니들의 소망이다. 그러나 그것이 지나치면 자기 아들딸이 제일 잘나고 예뻐 보이는 부모의 과대 망상이 생겨 오직 부모의 뜻대로만 자라 주기만을 바라게 된다.

이 같은 바람은 부모의 것이지, 독립된 인격체인 자식의 바람이 부모와 같을 순 없다. 지금 우리 사회에 만연한 영재교육, 조기교육은 부모의 잘못된 생각 즉 자기가 이루지 못한 생의 목표를 아이들에게 투영시킨 결과라 해도 과언이 아니다. 품속에 있을 때 자식이지 머리가 크

마음처럼 되지 않는 마음을 위한 에세이

면 제 뜻대로 안 된다는 옛 속담처럼 아이들은 자연스럽게 자라도록 좋은 환경을 만들어 주고 지켜봐 주는 것이 부모의 도리다.

네 살 된 아이는 그 나이에 맞는 행동이나 지능 발달을 보여야 정상이다. 며칠 전 가르친 대로 잘하던 아이가 갑자기 안 하거나 잊어버리는 것은 그 아이의 지능 문제가 아니라 네 살다움으로 받아들이는 자세가 필요하다. 조기교육, 영재교육은 지금 당장 대단해 보일 수 있지만 지속적으로 케어 가능한 제도의 연속성이 부족하여 성인이 된 궁극에는 평준화 또는 평균을 살짝 상회하는 수준으로 수렴될 확률이 높다. 이와 더불어 보통 사람과 남다른 지식을 습득하고 교육받는 과정에서 사회 부적응이라는 결과를 낳기도 한다. 네 살 된 아이는 잘 놀고 개구쟁이 짓을 해 가며 행동이 성숙해지는 것이 올바로 배우는 것이다.

천재성이 보인다고 해서 그것만 키우려고 한다면 주변 사람들과의 적응력이 떨어지는 결과가 발생할 수 있다. 수년 년 대한민국을 떠들썩하게 한 영재 소년은 당시 성인 과학자와 맞먹는 기억력과 수학적 능력을 보여 미디어에 소개되는 등 모든 부모의 선망의 대상이 되었으나 성인이 된 후 다시 찾은 그는 평균보다 못한 사회 적응력으로 결코 행복하지 않은 삶을 살고 있었다. 따라서 IQ(지능지수)와 EQ(감성지수)의 균형 있는 발달이 중요하다. 한쪽으로만 치우친다면 결코 자신을 바로 세울 수 없다.

글은 읽을 줄 알지만 그 맥락과 내용을 이해하지 못하는 난독증을 보인다거나 엄마의 강압에 무조건적으로 복종하는 자동증을 보이면 소위 말하는 마마보이가 될 가능성이 농후하다. 이 경우 성장과정에서 정신과 의사의 도움이 필요할 수 있다.

주위를 너무 의식하지 말도록 하자.
과거 조기 입학을 선호하던 시대와는 달리 요즘은 아이들의 두뇌 발달을 고려하여 적령기에 초등학교에 입학시키려는 부모가 늘고 있다. 긍정적인 시그널이다. 빨리 익는 과일은 어딘가에서 부족함이 발생하기 마련이다. 나이에 맞는 지식과 행동 발달이 중요한 이유다. 다른 아이보다 영어 단어 몇 개 더 외우고 자신의 연령보다 더 높은 지적 배경을 갖고 있다는 것이 인생 전반에 있어 얼마나 큰 자랑이 될 수 있을까. 미리 알고 먼저 아는 것이 능사는 아니다. 오히려 그 단계에서 배우는 것에 대한 자만심으로 집중력과 사회성의 결여되는 결과가 초래될 수 있음을 유의해야 한다.

무제 3

30대를 넘어가면 같이 출발한 친구나 동년배에 비해 사회 경제적으로 뒤처졌다고 느끼는 사람들이 많아진다. 남의 밥에 든 콩이 커 보인다고, 거의 비슷한 출세나 경제력을 쌓은 주위 사람들이 항상 자기보다 더 많은 돈을 번 것 같고 직위도 향상된 것같이 느낀다.

자신은 상대적으로 초라해 보이고 자신만 제일 밑바닥에서 헤매고 있다고 우울에 빠진다. 거기다 건강까지 안 좋아 식욕이 옛날 같지 않고 소화도 잘 안 돼 '상상 더부룩함'을 느낀다. 간혹 속이 쓰리기도 하고 쉬 피로를 느끼는 데다 부부관계도 여의치 못해 아내의 수상쩍은 눈초

리를 받기도 한다.

요즘 이런 환자가 유난히 많아졌다. 기질적으로는 아무 이상이 없는데 증상만 있는 사람. 아니면 심한 스트레스를 받아 피할 곳이 없어 병으로 피하는 사람이 많아 골치 아파진 의사들은 '신경성'이라는 말을 창조해 내 신경성 위염, 과민성 대장증후군 따위의 병명을 붙인다.

환자의 입장에선 당황할 수밖에 없다. 실제로 아픈데 아무 병도 없다니. 의사가 모두 돌팔이로 보이고 의료보험도 안 되는 각종 검사로 돈만 내라고 한 뒤 신경성이라니, 의사에 대한 불신만 심화된다.

수많은 정신의학자나 심리학자들이 이런 질환의 원인을 규명해 보고자 숱한 노력을 기울이고 있으나 인간의 오묘한 정신세계를 아직 파헤치지 못하고 있다. 그러나 이 실제 상황은 욕구불만이 해소되면 즉각 없어지는 특징을 갖고 있다.

욕구불만이란 무엇인가?

어떤 일을 하는데 잘 안 되어 짜증이 나는 것도 욕구불만에 속하겠지만 자신이 느끼지 못하는, 자기가 하는 일과는 아무런 상관이 없는 불평과 불만이 적체되어 쌓인 결과다. 뇌 속 무의식 세계의 리듬이 깨져 인체 대사 기능에 변조를 일으키고 호르몬 불균형을 일으켜 건강 이상이 오는 것이다.

이 메커니즘에 가장 민감하게 영향을 받는 것이 소화기 계통이며 자율신경이 뇌에 명령대로 움직이지 않고 멋대로 인체 장기를 자극해 병을 만드는 과정을 밟는다. 예를 들면 갑상선기능항진증을 앓는 사람은 그 호르몬의 영향으로 안절부절못하며 공연히 분주해 체력을 소모시킨다.

'신경성'이란 증후군도 이 범주에 속한다. 스트레스를 받으면 위 속이 비었는데도 위산이 나오고 이 위산이 위점막을 자극하여 쓰리고 아프게 한다. 자극이 거듭되면 위벽이 헐게 되고 염증을 일으켜 궤양까지 생긴다. 소화기 계통의 병, 이른바 속병이 있는 사람의 성격을 보면

마음처럼 되지 않는 마음을 위한 에세이

공격적이고 화를 잘 내며 만사에 불안 증세가 있고 타인에 대한 의존도가 높다. 더 발전하면 술로 도피하여 알코올 중독자가 되는 악순환의 고리에 빠진다.

이 질환이 있는 사람은 약에 너무 의존해서는 안 된다. 약은 인체를 편하게 만드는 보조제로 생각하고 근본 원인인 정신적 장애를 제거하는 것이 좋다.

무제 4

인간은 꿈을 꾼다.

현실 세계에서 성취하지 못한 욕구를 혼자만의 세계에서 해소하는 것이다. 이 꿈은 남에게 피해를 주지 않고 자기 만족만 취할 때 건전한 사회풍토가 형성됨과 동시에 자신이 이룰 수 없는 꿈을 남이 이루었을 때 열광하고 환희에 차는 대리만족으로 승화된다. 그러나 범죄행위에 대한 꿈은 다르다. 자신은 꿈만 꾸던 범죄행위를 타인이 실천했을 때 사회정의를 앞세워 시기와 질투로 분노한다. 좋은 꿈이든 나쁜 꿈이든 인간은 이 신기루 같은 이상향을 위해 끊임없이 전진하는 존재다.

마음처럼 되지 않는 마음을 위한 에세이

꿈은 꼭 비현실적인 것만은 아니며 언젠가 실천하는 사람이 나온다는 의미를 함축하고 있다. 꿈이 과학과 연결될 때 기계화로 인류 생활이 편해지는 진보를 낳고, 과학이 아닌 어떠한 황당한 것이라도 두뇌에 보석처럼 심겨 정서 순화에 도움이 된다. 날고 싶다는 꿈은 비행기로, 쥘 베른의 《해저 2만 리》는 잠수함으로 실현되었으며, 《이상한 나라의 앨리스》는 인간 욕망의 황당함을 가르쳐 준 교훈으로 남아 있다.

오래된 기억이지만 1992년 바르셀로나 올림픽 사격 금메달 리스트 여갑순 선수가 남겨 준 감동은 아직도 생생하다. 그녀는 18세의 고3 어린 소녀에 불과했다. 그러나 그녀는 무념무상의 정신세계에 도달해 예상치 못한 결실을 따냈다. 기록도 뒤지고 동메달 정도 따낼까 하는 객관적인 평가를 뒤집어 놓았다. 세계 제일이 되겠다는 꿈은 누구에게나 있다. 이 꿈은 나이가 들면서 빛이 바래지고 점점 축소되다가 결혼 고개를 넘어서면 2세에게 정신적 유산으로 물려진다.

꿈을 이뤄 냈을 때의 환희와 열광을 기억하자. 그리고 그 환희와 열광이 당장의 스트레스를 날려 버리는 대리 만족 수준에서 그치지 않고 또 다른 꿈을 이루기 위한 동력과 각오가 될 수 있기를 기대해 본다.

무제 5

아무리 산다는 것이 잃고 되찾는 연습 속에 나를 깨우치는 과정이라고 하지만 인간들에게는 잊고 싶은 기억들이 너무나도 많다. 세월과 함께 잊히는 게 세상 속의 삶이 아니던가. 그래도 이글거리는 욕심과 허탈감의 방황에서 마음의 평정을 찾지 못한다면 차라리 조용히 눈을 감고 점점 더 텅 비어 가는 머릿속에 무엇인가 강한 욕구를 채워 보려는 노력이 필요하다.

자책감과 비록 철딱서니 없었던 세월의 굴레 속에 파랑새를 쫓았던 경험이 있었다 하더라도 스스로에 대한 반성 속에서 또 한 번 비상을 해 보려고 몸부림을 쳐 보

마음처럼 되지 않는 마음을 위한 에세이

고 가장 자유로운 상태에서 생각하고 행동해 보자. 그리고 나면 파랑새의 잃어버렸던 고향을 다시 찾게 될 것이다. 철없었던 경험 속에서 다시 삶의 지혜를 터득하며 나의 생을 돌아보고 남의 생을 얘기해 볼 만한 성숙된 인격으로 다시는 후회 없는 여유만만한 인생을 즐기게 될 것이다.

나는 위기에 처할 때마다 어금니를 지그시 깨물고 가슴을 한번 쳐 본다. 그리고 조용히 눈을 감고 점점 텅 비어가는 머릿속에 무엇인가 강한 욕구를 채우고 해결해 보려고 노력해 본다.

맺으면서……

원인과 종류가 사람마다 다르겠지만 이제 그 누구도 정신질환으로부터 자유롭지 못한 시대임은 분명해 보입니다. 우울증은 누구나 쉽게 걸릴 수 있는 마음(뇌)의 질병, 쉽게 말해서 '마음의 감기'라고 할 수 있습니다. 감기도 치료 시기를 놓치면 큰 병으로 발전하듯 우울증 역시 치료될 수 있는 질병임과 동시에 치료 시기를 놓치면 죽을 수도 있는 '질병'입니다. 우울증이란 진단을 받으면 적극적으로 치료를 받아야 하며, 가족과 전문가의 도움으로 의지를 갖고 치료에 임한다면 반드시 극복할 수 있습니다.

마음처럼 되지 않는 마음을 위한 에세이

마음처럼 되지 않는
마음을 위한 에세이

ⓒ 월파(月波) 권기철, 2023

초판 1쇄 발행 2023년 5월 5일

지은이   월파(月波) 권기철
펴낸이   이기봉
편집   좋은땅 편집팀
펴낸곳   도서출판 좋은땅
주소   서울특별시 마포구 양화로12길 26 지월드빌딩 (서교동 395-7)
전화   02)374-8616~7
팩스   02)374-8614
이메일   gworldbook@naver.com
홈페이지   www.g-world.co.kr

ISBN   979-11-388-1883-4 (03180)